AF546864

TINY HOUSES

TINY HOUSES

KLEINE HÄUSER GROSSE TRÄUME

BRENT HEAVENER

at VERLAG

INHALT

DIE FREIHEIT DER EINFACHHEIT

Stellen Sie sich ein anderes, freieres Leben vor! Sie müssten keine Schulden oder Darlehen abbezahlen und könnten unbelastet und umweltbewusst auf einem eigenen Stück Land leben, das Ihnen viel Freiheit bietet. Die Eigendynamik der Tiny-House-Bewegung hat gezeigt, dass dieser Traum für Menschen auf der ganzen Welt wahr werden kann. Von den USA über Europa, Neuseeland, Australien bis nach Südafrika wächst bei vielen der Wunsch nach einem unabhängigen, freien Leben, das zufrieden, erfüllt und glücklich macht.

Aufgewachsen als Kind in den kargen Bergen Kaliforniens, gehörte es zu meinen schönsten Abenteuern, Hütten und Baumhäuser zu bauen. In diesen aus Holzresten und krummen Nägeln zusammengeschusterten Unterschlupfen entfloh ich den täglichen Pflichten und dem Homeschooing. Ich konnte träumen und meiner Kreativität freien Lauf lassen. So unvollkommen sie waren, war ich mit ganzem Herzen dabei – ein Jubelschrei, wenn das Brett passte, und manchmal Tränen, wenn ich meinen Daumen traf. Diese Fluchtburgen stellten etwas so viel Größeres dar, als ich zu jener Zeit erkannte – sie zeigten Charakter und Entschlossenheit. Sie stillten den Hunger nach Risiko und Freiheit, der mich als jungen Mann erfüllte.

Jetzt, Jahre später, macht sich dieser Wunsch nach Freiheit in den Herzen vieler anderer noch viel stärker breit. Sie werden eine behagliche Hütte in der kanadischen Wildnis kennenlernen, einen renovierten alten Bus, in dem Amerikas Westen erkundet wird, oder ein skurriles Baumhaus in den Wäldern Spaniens. Ob Sie selber schon in einem Minihaus leben, planen, eines zu bauen, oder einfach nur davon träumen, ich hoffe, dass der Funke beim Blättern der folgenden Seiten überspringt.

BAUMHÄUSER

HOCH OBEN IM WALD

Versteckt im Herbstlaub der Bäume, besticht das Haus durch seine achteckige Form. Ein Ort, um vom Leben einen Schritt zurück und in die Natur einzutreten, um zu Ruhe und Einfachheit zurückzufinden.

GROSSES REFUGIUM AUF ZWEI EBENEN

Auf einem 2,8 Hektar großen Waldstück in Montana erschufen Darin und Katie einen großartigen Zufluchtsort. Die Treppe windet sich um den Stamm einer Douglasfichte, und aus dem behaglichen Innenraum lässt sich die malerische Umgebung bewundern. »Das gesamte Projekt war in jeder Hinsicht ein Abenteuer für uns.«

EIN VERSTECK AUS ZEDERNHOLZ

Einzigartige Behausungen mit eigenständigem Charakter sind rar. Eine Stunde von Toronto entfernt, befindet sich, versteckt im Wald auf einem 113 Hektar großen Grundstück, das Baumhaus von Frank und Oliver. Was als Architekturprojekt für ein Wochenendhaus begann, ist nun ein Zufluchtsort zum Verweilen und Genießen – im Sommer in der Schönheit der Natur am See, im Winter auf den Hängen der umliegenden Skigebiete.

DAS UPCYCLING-BAUMHAUS EINER BLOGGERIN

Lynne Knowlton besitzt ein Händchen für Innenarchitektur und die Gabe, wiederverwerteten Materialien ein zweites Leben einzuhauchen. Mit Leidenschaft hat sie ihren lang gehegten Traum vom Baumhaus verwirklicht. Das Holz einer alten Scheune und weitere aufgestöberte Materialien machen dieses charaktervolle Haus, ebenso wie die dazugehörende separate Hütte (Bilder Seite 20 und 22), einzigartig.

EIN BESONDERES DREISTÖCKIGES BAUMHAUS

Hinter der Altholzfassade und den Secondhand-Fenstern dieses Baumhauses in Wisconsin verbirgt sich ein unvergesslicher Ort, reich an Charakter und alten Fundstücken. Eine erhöhte Feuerstelle wärmt in kühlen Nächten, und die Kuschelecke im Dachboden ist der ideale Platz, um in ein Buch zu versinken.

holistika
GOOD
VIBES
ONLY

TECHNISCH INNOVATIV

Weit oben in den Kiefern hängt dieses außergewöhnliche drehbare Baumhaus (rechts). Ethan nutzte seine technische Kreativität und konstruierte den Antrieb aus Teilen von bestehenden Maschinen. Einige abgestorbene Bäume erhielten im Innenausbau ein zweites Leben. In diesem inspirierenden Haus verbindet sich Innovation mit der Einfachheit der Berge. Das Baumhaus oben erreicht man mit einem innovativen Fahrrad-Aufzug.

ÖKO-LOGISCH

UNTERSCHLUPF AM MEER

Auf der Insel Vallisaari nahe Helsinki, Finnland, steht »Nolla«, eine A-förmige Konstruktion, die eine umweltfreundliche Vision mit minimaler Innenarchitektur verbindet. Geschaffen und zum Leben erweckt wurde sie von Industriedesigner Robin Falck im Auftrag des auf nachhaltige Lösungen spezialisierten Unternehmens Neste. Ziel war, eine umweltschonende Behausung für Wohnen in absoluter Freiheit zu konstruieren.

WELCOME DOME

EINE AUTARKE GEODÄTISCHE KUPPEL

In dem zwischen den Schneegipfeln von Torres del Paine gelegenen EcoCamp Patagonia Domes kann man das Herz Chiles in seiner ursprünglichsten Form erleben. Nach einer Nacht unter dem Sternenhimmel wachen Sie mit dem Blick auf die nahen Berge und die dort grasenden wilden Alpakas auf, wärmen sich am heimeligen Holzofen und nippen an dem landestypischen Matetee.

NURDACHHAUS MIT UMWERFENDEM WEITBLICK

Als Nurdachhaus bezeichnet man eine Konstruktion, bei der das Dach bis zum Erdboden hinab reicht, also keine Seitenwände besitzt. Auf den Golden Hills in der australischen Region Gundagai steht eine solche moderne Hütte in A-Form. Der von dort weit über die Ebene der 3000 Hektar großen Schaf- und Rinderfarm reichende Blick vermittelt Ruhe und Ehrfurcht wie kein anderer. Mutig im Design, von innovativer Struktur und ein exquisites Erlebnis.

ABGESCHIEDENE ORTE

EIN GEMÜTLICHER SCHÄFERWAGEN

Eingekuschelt zwischen die Kiefern des südlichen Québec zieht dieser idyllische Holzwagen oft die hier heimischen Elche und Rentiere an. Mit einem einfachen Bett am einen Ende des Raumes, einer praktischen Küche und einem dickbauchigen Holzofen, der in verschneiten Winternächten warm hält, verkörpert diese malerische Behausung – ganz im Sinne von Thoreaus »Walden« – die Kunst des einfachen Lebens. Hier ist Erholung garantiert, der Stress weit weg und die ersehnte große Freiheit ganz nah.

KURZURLAUB AUF RÄDERN

Verborgen in den Wäldern von Massachusetts liegt ein Traumhaus, das denjenigen Rast bietet, die dem hektischen Stadtleben entfliehen wollen. Sorgen werden vor der Tür abgelegt. Und überhaupt hat all der belastende Alltagskram an diesem idyllischen und belebenden Rückzugsort gar keinen Platz. Das einfache Leben in seiner schönsten Form lässt den Schönheiten und Wundern der Natur viel Raum.

LUXUS IN DEN WÄLDERN

Verborgen in den Wäldern Wisconsins liegt wie ein sicherer Hafen ein Unterschlupf, der Schutz vor dem winterlichen Schneefall bietet. Durch das bodentiefe Fenster verschmelzen Innen und Außen, und es öffnet sich der Blick auf alles, was die Umgebung zu bieten hat. Minimalistisch und dennoch behaglich und funktional, mit einem großen Bett, von dem aus man die Schönheit der Natur genießen kann.

DAS EINFACHE ROLLENDE HEIM EINES HANDWERKERS

Brett Lewis hat eine Leidenschaft für die Gestaltung eigenwilliger, inspirierender Räume. Mit Mut und Entschlossenheit machte er sich an den Umbau eines »Vanagon«-Campers von 1986 in ein rollendes Zuhause mit Namen »Chewy«. Dessen einzigartige Innenausstattung besteht aus wiederverwerteter texanischer Zeder.

VON HAND GEBAUTE ZELTHÜTTE

Tief in den Wäldern Maines liegt diese Behausung, die durch und durch unkonventionell daherkommt. Das »Coyotes Den« ist kein typisches Hauszelt. Die Liebe für die althergebrachten handwerklichen Formen zeigt sich überall. Es lädt die Bewohner ein, herunterzufahren, der Vergangenheit Ehrerbietung zu erweisen und der Natur Respekt zu zollen. Seine Besitzer hatten das Ziel, »all die kleinen Dinge zu teilen, die dieses Leben für uns besonders macht. Es ist ein Ort des einfachen Lebens im Einklang mit dem umgebenden Wald.«

LAUSCHIGES NURDACH-HAUS IN DEN BERGEN

Versteckt zwischen haushohen Kiefern liegt malerisch dieses reizende Nurdachhaus. Das 1965 erbaute, vor kurzem umgestaltete Haus kombiniert behagliches Hütten-Feeling im Inneren mit minimalistischen Elementen, was es zum idealen Rückzugsort in den Wäldern macht. Die Berge sind wenige Fahrminuten entfernt, der Fluss fließt nur wenige Schritte hinter der Hintertür.

ELEGANTER CONTAINER

Stellen Sie sich vor, in einem umgestalteten Schiffscontainer zu erwachen, draußen die Treppe hinaufzugehen und die frische Morgenluft von der Dachterrasse aus einzuatmen. Dieses winzige Haus wurde von einem Familienunternehmen aus Waco, Texas, gebaut, das darauf spezialisiert ist, Container in elegante, effiziente Heime umzuwandeln. Praktisches Design und durchdachte Handwerkskunst treffen aufeinander und schaffen wunderschöne Räume, die das Leben innen und außen miteinander verbinden.

Tarjei Vesaas Skrifter i samling
EI REISE I HARDANGER

LETS
STAY
HOME

AUSSERGEWÖHNLICH WOHNEN IM RUSTIKALEN STIL

Diese moderne Behausung von Fernando Morrisoniesko verkörpert einen nach innen wie nach außen gerichteten rustikalen Lifestyle. Die Hütte kuschelt sich zwischen immergrüne Kiefern in den Bergen von Sonora, Mexiko. Das Leben im Inneren schlägt eine Brücke zur Natur und vermittelt so, was im Leben wichtig ist. Inspiriert durch die nordische Architektur, zeigt sie gewagtes Design auf der Grundlage von Minimalismus. Es ist mehr als nur ein gut gestalteter Raum mit vier Wänden und einem Dach, vielmehr ein Ort zum Verweilen in aller Reinheit und Einfachheit, ein idealer Platz zum Schreiben oder für eine dringend benötigte Auszeit.

EIN HEIM FÜR DIE FAMILIE

LEBEN IM UMGERÜSTETEN AIRSTREAM

Nachdem sich Zach 2013 einer Gehirnoperation unterziehen musste, wurde ihm und seiner Frau Colleen bewusst, wie kurz das Leben sein kann und dass sie ihr Leben ändern wollten. Auf der Grundlage von Zachs Erfahrungen aus der Baubranche und Colleens Liebe für Design wandelten sie einen »Airstream«-Wohnwagen in ein Heim für sich und ihre beiden kleinen Söhne um, geprägt durch eine klare, minimalistische Atmosphäre mit individueller Note und handverlesenen, aufgearbeiteten Fundstücken. Heute betreiben sie ein Unternehmen für Umbau und Renovierung von Großraumwohnwagen für andere Minimalisten.

EIN VERSTECK FÜR DIE FAMILIE

Die Familie Ruiz ist die Verkörperung des einfachen und freien Lebens. Ihr selbst gebautes kreatives und inspirierendes Zelthaus liegt zwischen Weiden in der Hochebene von New Mexico. Mit dem richtigen Design und etwas Erfindungsgabe kann ein solcher Ort auch mit wenig Geld umwerfend aussehen.
Ein Tisch aus Industriemetall und wiederverwertetem Holz und Leuchtgirlanden mit einfachen Metallfassungen zeigen, dass ein paar bewusst gewählte Elemente eine große Wirkung erzielen. Jeden Tag wachen sie in unberührter Natur und umgeben von einfachen Dingen auf, die Freude bereiten. Mit Kopf und Herz haben sie ein Heim geschaffen, das, wie sie es nennen, ein »Bau für unsere Jungen« im Wald ist.

ROLLENDES HAUS – GLÜCK VORAUS

Einen Bus zu kaufen, ihn herzurichten und die Straße zum Zuhause zu machen, ist ein Traum von vielen, der jedoch nur von wenigen umgesetzt wird. Ben und Mande haben ihren Traum Realität werden lassen. Bei der Suche nach dem richtigen Vehikel für ihr Vollzeitzuhause sind sie auf den klassischen Schulbus gestoßen. Bis das geräumige, gut konzipierte und voll funktionstüchtige Heim auf Rädern fertig war, haben sie jeden Tag daran gearbeitet. »Unsere Motivation waren die kommenden Abenteuer. Wir wussten, dass wir dadurch neue Menschen und Orte kennenlernen und unsere Routine würden abschütteln können.« Seitdem erobern sie die Straßen des Westens, haben viel erlebt und ein neues Mitglied für die Crew gewonnen: ihren Sohn Sawyer. Mit der Leidenschaft für Abenteuer und die freie Natur leben sie das ersehnte Leben in Einfachheit und Freiheit.

FAMILIENABENTEUER ON THE ROAD

Mars, Ashley und ihre Tochter Everly sind aus einem Haus mit vier Zimmern in einen umgebauten »Sprinter«-Kastenwagen umgezogen. Sie leben mit weniger und haben mehr Zeit für das, was sie lieben. In ihren kleinen, »Edison« genannten Van haben sie großartige Funktionen gepackt. Ein herausziehbares Deck aus wiederverwerteten Paletten dient als Liege oder Picknicktisch. Vom Dachträger aus haben sie, wenn sie in den Bergen oder am Strand für die Nacht anhalten, eine wunderbare Aussicht auf die Sterne. Die multifunktionale Nutzung des Raums verdeutlicht, was alles möglich ist. Ashleys Rat für alle, die sich räumlich verkleinern möchten: »Bei einem kleineren Heim reicht ein kleines Budget viel weiter, als man glaubt. Werden Sie kreativ. Lassen Sie Ihren Gedanken freien Lauf. Aber vor allem, haben Sie Spaß!«

INDIVIDUELLE UND KREATIVE LÖSUNGEN

Joshua und Shelley konnten das, was sie aus ihrem Leben im Kleinformat gelernt haben, für ein eigenes Unternehmen nutzen. Sie verkaufen Wohnwagen, haben ein Buch geschrieben und helfen Menschen, die sich verkleinern möchten. Ihr selbst gebautes Haus zeigt, dass ein Minihaus endlose Möglichkeiten bietet, jenseits aller Trends oder selbst auferlegter Grenzen. Ein Minihaus ist sozusagen die Leinwand, und Sie sind die Künstler.

MODERNES WOHNMOBIL MIT CHARME

Eine fünfköpfige Familie aus Südkalifornien hat ein altes Wohnmobil in ein erstaunliches, funktionales und einladendes Haus auf Rädern umgebaut. Ashley ließ ihren Sinn für gekonntes Design walten und integrierte einen schwarz-weißen Fliesenspiegel, Verbundholzarbeitsplatten und kleine moderne Accessoires mit großer Wirkung. Am Ende brachte das, was als Übergangsbehausung gedacht war, eine langfristige Veränderung mit sich: »Wir zogen in das Wohnmobil, während wir ein neues Haus bauten, und dachten, es sei nur für ein paar Monate. Aber dann wurde es zu einer Reise, die wir liebten und die unser Leben dauerhaft verändert hat.«

HOCH OBEN

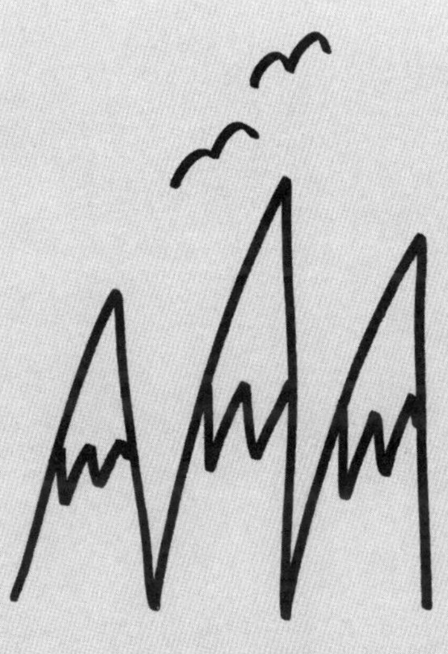

SEE
ALP
SEE

MODERNE MOBILE WOHNUNG IN DEN BERGEN

Dieses Haus zeugt von dem Willen und Selbstvertrauen eines Paares, das ohne vorherige Bauerfahrung ein glücklicheres, entrümpeltes Leben suchte. Diese bemerkenswerte Geschichte handelt vom bewussten Umzug an einen Ort, der auch ohne viel Geld mehr Freiheit bietet. Das modern und einfach anmutende Innere mit industriellem Charme bietet für einen kleinen Raum großzügigen Stauraum. Für Boden, Schränke, Decke und Wände kamen Birkenfurnierplatten zum Einsatz, für die Außenverkleidung mit einseitig schräg ansteigendem Dach Zedernholz. Ein überzeugendes einzigartiges Architekturdesign.

The Mountains are
CALLING
And I must go
Crazy Cat Lady
BECAUSE CATS

EIN REFUGIUM

Schnappen Sie sich Ihre Lieblingsdecke, einen heißen Kakao und vergraben Sie sich in dieser malerischen Hütte mit Dachboden. Mit der Natur als Nachbar und einer gesunden Wohnumgebung aus natürlichen Materialien kommt man wie von selbst zur Ruhe. Tagsüber draußen die wilde Natur genießen, an kühlen Abenden beim Essen um den Ofen sitzen und sich austauschen. Und am allerliebsten auf dem Dachboden, eingemummelt in dicke Decken, in ein gutes Buch versinken.

MODERN UND NACHHALTIG

In der üppigen tropischen Flora Hawaiis steht das zweigeteilte »Outside House«, das einen einzigartigen Kurzurlaub in dem unberührten Ökosystem der Insel bietet. Der offene Pavillon »Makai« besteht aus einer Freiluftküche und einer Außendusche für ein Leben außerhalb der vier Wände. In der Nähe liegt »Mauka«, eine kleine Hütte mit vielen Holzelementen, ideal zum Schreiben, Lesen und Ausruhen.

MINIMALISTISCH SCHLANKES DESIGN

Versteckt in den Bergen Washingtons, besteht dieser naturnahe Rückzugsort aus einer Stahlkonstruktion, die innen mit einfachen Kiefernplatten verkleidet ist. Die durchdachte, umweltfreundliche Behausung bietet Schutz und enthält alles, was es zum Leben braucht. Die innovative Architektur schafft den Rahmen für die Suche nach innerer Ruhe und einem zufriedenen Lebensstil.

UNTERWEGS

Globetrotter

DURCH NORWEGEN UND DIE GANZE WELT

Wenn sie nicht gerade auf schneebedeckte Berge klettern oder kreuz und quer durch Südostasien reisen, tanken Ann-Sylvia und Georg zuhause in Norwegen neue Energie für ihr nächstes Projekt. Nach ausgedehnten Reisen durch andere Länder sind die beiden Künstler, Fotografen und Filmemacher nach Indien aufgebrochen und haben unterwegs eine Dokumentation über Öko-Unternehmer gedreht. Ihr unkonventioneller Lebensstil inspiriert ihre Kunst und erfüllt ihre Abenteuerseelen.

WELTENBUMMLER, ABENTEURER UND TRENDSETTER

Es gibt nicht viele Menschen wie James Barkman. Mit 21 kaufte er sich einen Volkswagen Westfalia von 1976, folgte seiner Leidenschaft und lebt seither ganz ursprünglich und spontan. Er surfte an der amerikanischen Westküste, befuhr mit dem Motorrad die Panamericana von Alaska bis Patagonien und dokumentierte kaum besuchte Regionen fotografisch. Er hat schon einige Motorräder verschlissen; im Moment dient ihm seine Honda XR350R von 1984, um schwieriges Gelände zu bereisen, das sein Van nicht schafft. Im Großen und Ganzen hat dieser ihn aber noch treu überall hingebracht. »Ich kann nicht sagen, ob er mehr Öl verliert, als er verbrennt, oder mehr Öl verbrennt, als er verliert.«

UNTERWEGS IN EINEM UMGEBAUTEN OLDTIMER

Stellen Sie sich ein Leben unterwegs auf der Straße vor, auf der Suche nach Abenteuern. 2014 hat Candice beschlossen, ihren konventionellen Lebensweg gegen Freiheit, Glück und Einfachheit zu tauschen. Ohne vorherige Erfahrung verwandelte sie einen umgebauten Chevy Sportsvan von 1988 in ein einzigartiges fahrendes Heim mit behaglicher, rustikaler Atmosphäre. Sie entwarf wohldurchdachte einfache und platzsparende Lösungen für alle alltäglichen Bedürfnisse. Mit ihrer Offenherzigkeit und Abenteuerlust erobert sie nun die Straßen dieser Welt und sammelt Erfahrungen, wo immer die Reise sie hinführt.

MIT KAMERA UND SURFBOARD UNTERWEGS

Hinter dem Lenkrad eines Volkswagens Westfalia von 1978 sitzt der bärtige, exzentrische Nomade Daniel Norris. Er ist »Pitcher« in der Baseball-Profiliga und lebt in der spielfreien Zeit in seinem Camper, angetrieben von seiner Neugierde auf die Welt, auf der Suche nach guten Surfstränden und unbekannten Zielen jenseits der ausgetretenen Pfade. Er geht seinen eigenen Weg, lässt sich durch nichts einengen, und die Schwierigkeiten des Lebens schrecken ihn nicht. »Ich bin auf der Suche nach drei Dingen«, sagt er, »ewigem Leben, der Strike Zone und der perfekten Welle.«

WESTFALIA

ABENTEUER VON ALASKA BIS ARGENTINIEN

Auf den leeren Straßen Argentiniens skaten, in Alaska schneebedeckte Berge erklimmen und vor der Küste von Mexiko fischen gehen – von solchen Abenteuern können Dillon und Tessa erzählen, weil sie das normale Leben hinter sich gelassen und sich für absolute Freiheit entschieden haben. Sie haben einen VW Westfalia von 1976 gekauft, ihn mit einem Subaru-Motor ausgestattet und sich auf den Weg ins Unbekannte gemacht. Sie sind von ihrem Heimatstaat Alaska bis nach Argentinien und zurück gereist. Unerschrocken und mutig denken sie nicht darüber nach, wie sie einen Traum umsetzen könnten, sondern verlassen einfach ihre Komfortzone und tun es. »Wenn Leute meinen, sie würden gern so leben wie wir, sagen wir immer, dass wir nur zwei verrückte Vögel sind, die einfach den Schritt gewagt haben. Wenn du das Gefühl hast, etwas ändern zu müssen, hör auf deine Intuition, und leg los! Die erste Meile ist die schwerste.«

WESTFALIA

WESTFALIA
XT
YAMAHA
YAMAHA
350

GRENZEN ERFAHREN

Neue Wege gehen, unterwegs sein, Gipfel erklimmen: Das gehört zum abenteuerlichen und exzentrischen Lebensstil von Trey Frye. Mit 18 kaufte er sich einen VW-Bus von 1986 und machte sich zusammen mit seinem belgischen Schäferhund und einer Smith & Wesson auf den Weg, getrieben von einem Drang nach ursprünglichem Leben, Spontanität und Abenteuer. Wenn er eine gute Stelle zum Übernachten gefunden hat, bereitet er seinen Van oder sein Zelt vor und macht Feuer. Frühmorgens erklimmt er gerne einen Berg, um die Morgensonne einzufangen. Im Moment ist er mit seiner Kamera und seiner 90er Yamaha xt350 am Heck seines Busses unterwegs an der Westküste.

SMART, MODERN UND MOBIL

Nach einer Weltreise entschieden sich Dominic und Marie, ihre Abenteuer- und Entdeckerlust mit ihrer Arbeit zu verbinden. Im Sommer 2018 bauten sie zusammen mit ihren Familien diesen Van zu ihrem eigenen Mobilheim und Büro um. Die einheitlich weißen Wände kontrastieren mit dem selbst verlegten Holzboden, der Decke und der Arbeitsfläche, die zusammen eine gelungene Inneneinrichtung ergeben. Die beiden großen Hecktüren geben den Blick auf das frei, was gerade auf ihrer Reise zu sehen ist, und dienen als fließender Übergang zwischen Innen und Außen.

DIE FREIHEIT DER STRASSE

Nachdem Ben und Meag sich von aufgelaufenen Schulden befreit hatten, kündigten sie ihre Arbeitsstellen und machten sich in ihrem umgebauten Gefangenentransporter aus dem Jahr 1989 auf eine unvergessliche Reise – seither führen sie ein Nomadenleben. Den Sommer über baden sie in der Schönheit der White Mountains in New Hampshire, den Winter verbringen sie in der trockenen Hitze des Südwestens. Ihr charaktervolles Heim, das mit handverlesenen Fundstücken ausgestattet ist, kann man durchaus als rollendes Museum bezeichnen. Da sie keine vorgefertigten Möbel gekauft, sondern alles von Grund auf selbst gemacht haben, trägt es voll und ganz ihre eigene Handschrift. »Unser Heim ist ein Spiegelbild unserer selbst. In jedem Zentimeter finden wir uns wieder. Wenn ich mich umschaue, sehe ich unsere Liebe, unsere Fähigkeit, Probleme zu lösen, Kompromisse einzugehen, Prioritäten zu setzen und Dinge zu erschaffen. Wir sind nun mal hartnäckig und geben uns nicht einfach zufrieden.«

ZWEI FOTOGRAFEN ON THE ROAD

Von den haushohen Kiefern im pazifischen Nordwesten bis zu den Felslandschaften von Utah und durch die Wüste von Arizona: Das alles haben Kyle und Jodie zusammen mit ihren Hunden in ihrem »Flying Cloud Airstream« von 1955 erkundet. Der schnörkellos und mit hochwertigen Details umgebaute Großraumwohnwagen verfügt über eine Küche in perfekter Größe und für kältere Temperaturen über einen eingebauten kleinen Kaminofen. Indem sie ihren Alltag gegen ein Leben unterwegs eintauschten, haben sie ihre Freiheit gefunden. Sie erkunden immer wieder neue Ziele, treffen andere Aussteiger und gehen ihrer Leidenschaft für Fotografie und Filmemachen nach.

REISEN IN EINEM UMGEBAUTEN WOHNMOBIL

Pauline und Kieran aus Australien haben für zwei Träume gespart: ein Haus oder eine Reise ins Ausland. Als ihnen bewusst wurde, dass sie beides miteinander verbinden könnten, entschieden sie sich für ein Jahr Auszeit und eine Reise durch die USA im Wohnmobil. Innerhalb von zwei Wochen verwandelten sie den alten Wagen in ihr neues, stilvolles Heim mit rustikalem Chic, und dann ging es für viele Monate auf eine geruhsame Reise durch die Wunder und Naturschönheiten Nordamerikas.

AM WASSER

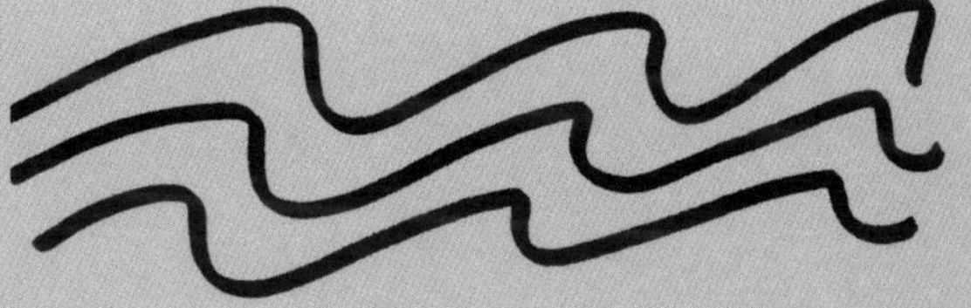

LEBEN IM HAUSBOOT

Als kleiner Junge träumt manch einer davon, die Tage wie Huckleberry Finn in Mark Twains Kinderbuchklassiker auf einem selbst gebauten Floß zu verbringen, die Nacht nur erleuchtet vom Mondschein. Dieses Hausboot auf dem australischen Noosa River hat natürlich einiges mehr zu bieten als das von Huck Finn. Doch unabhängig von der Größe oder Ausstattung hat das Leben auf dem oder nahe dem Wasser einfach etwas ganz Besonderes. Sich dem sanften Wiegen des Flusses hinzugeben, kommt jenen entgegen, die sich treiben lassen möchten und ein friedliches, einfaches Leben suchen.

AM SANFT PLÄTSCHERNDEN BACH

Keine To-do-Listen, Zeitpläne oder Termine stören die beschauliche Atmosphäre dieses Nurdachhauses. Das einzige Meeting, das hier stattfindet, ist das zwischen Ihnen und der Natur. Das in der Sierra Nevada in Kalifornien gelegene einfache Haus ist ein beliebter Fluchtort für diejenigen, die Ruhe und Erholung brauchen.

EINFACHES COTTAGE AM WASSER

Stellen Sie sich vor, Sie logieren in dieser bescheidenen Unterkunft an der Küste Schwedens.
Sie segeln auf das felsige Ufer zu, an dem das Haus steht, der Geruch von Salzwasser und Kiefern erfüllt die Luft. Es ist ein Platz der Geborgenheit in der Abgeschiedenheit. Eine Tasse Tee mit Kräutern aus dem nahegelegenen Wald wartet auf Sie in der Wärme des Kamins. Erinnerungsbilder füllen die Wände. Auf Regalen und Teetischen stehen und liegen Bücher über Architektur, Hausbau und die heimische Vogelwelt. Das dezente skandinavische Design schafft eine einladende Atmosphäre. Hier treffen Funktionalität und Komfort aufeinander und lassen Ihren Traum vom Sommerhaus wahr werden.

AM STRAND AUFWACHEN

Die Tillmans wussten schon immer, dass sie auf kleinem Fuß leben wollten. Der Traum der beiden Fotografen bestand darin, so zu leben, dass sie Reisen und Arbeiten verbinden können. Sie haben ein Wohnmobil in ein rustikales und zugleich modernes kleines Heim mit industriellem Charme umgewandelt. Es bietet alles, was sie zum angenehmen Leben und Arbeiten brauchen, ohne ihr Budget zu sprengen. »Wir haben es an unsere Bedürfnisse angepasst. Es ist nicht perfekt, aber inzwischen liebe ich auch all seine Ecken und Kanten.«

KLEINE HÄUSER MIT STIL

Seek

ZERO WASTE, MINIMALISTISCH UND BEHAGLICH

Luftig, einladend und heiter – so würde ich Canaans und Kellys winziges Heim beschreiben. Nachdem ihnen klar geworden war, wie viel »Kram« sie angehäuft hatten, wussten sie, dass sie sich verkleinern wollten. Den Übergang zu einem einfacheren Leben schafften sie, indem sie sich auf ihr aktuelles 29 m² kleines Haus reduzierten. Ein großzügiges und funktionelles Design bestimmt das gesamte Haus. Sie haben zwar einen unterschiedlichen Geschmack, konnten sich aber in der Mitte treffen und einen einladenden Raum mit eleganten Tönen und Landhauselementen schaffen.

STEPHEN KING

福

DER TRAUM EINES JUNGEN PAARES

Eines Abends im Restaurant fantasierten Cody und Shay über die irrwitzige und absolut radikale Idee, ein Tiny House zu bauen. Dann hielten sie inne: »Moment mal, warum sprechen wir darüber, als sei es unrealistisch oder etwas, das völlig außer Reichweite liegt?« Sechs Monate später, um 23 000 Dollar ärmer und in Erwartung eines Babys standen sie vor ihrem Minihaus. Einst ein Traum, jetzt Realität. Ihr Heim ist geräumig und funktional, hat einen Dachboden, eine große Küche, ausreichend Stauraum und viele weitere Besonderheiten. Oft ist ein Traum, der unrealistisch und ein wenig verrückt erscheint, genau der, den man umsetzen sollte. »Unsere wichtigste Erkenntnis ist, dass alles möglich ist. Wir hatten einen Traum, und wir haben ihn verwirklicht. Wir haben tatsächlich unser eigenes Tiny House gebaut!«

SELBST GEBAUT UND BESCHEIDEN

Lily ist Künstlerin, Sammlerin und Macherin, und ihr Haus in Neuseeland ist ein Spiegel ihrer Persönlichkeit und ihres Sinns für Originalität und Charakter. Jedes der Stücke darin hat sie selbst ausgewählt und besitzt seine eigene Geschichte. Möbel, Porzellan, Bücher und Buntglas aus vergangenen Zeiten werden zu neuem Leben erweckt und harmonieren friedlich miteinander. Schließlich ist das, was ein Heim ausmacht, zu leben, umgeben von dem, was man liebt.

RÜCKZUGSORT EINER AUTORIN

Das Unternehmen Handcrafted Movement ließ für Ann Voskamp, ihren Mann und ihre Familie eine Vision Realität werden (Bild rechts). Versteckt in den Wäldern, ist ein Ort entstanden, an dem Ruhe herrscht, die Gedanken und Worte fließen können und Alltagssorgen draußen vor der Tür bleiben.

»Wir nennen dieses kleine Haus ›Selah‹, das bedeutet ›Stille‹ oder ›Pause‹. Wir sagen immer wieder: ›Gehen wir raus in die Selah ...‹ Schon dieser Satz fühlt sich an wie ein Ausatmen der Seele. Wir machen eine Pause und lauschen der Stille, um der Freude in unserer Seele Raum zu geben.«

PACIFIC HARMONY

Die durchdachte Gestaltung und die Verwendung von wiederverwertetem Holz zeugt auch bei diesem Objekt (oben) von der Leidenschaft und Handwerkskunst von Matt Impola und seinem Team. Das »Pacific Harmony« genannte Haus in der Nähe von Portland, Oregon, verfügt über solide Eichenböden, Edelstahlgeräte und ein Schrankbett. Feine Details und die persönlich beschafften Materialien vermitteln insgesamt ein Gefühl von »Zuhause«.
Das Tiny House links, ebenfalls in der Nähe von Portland, Oregon, ist ein weiteres überzeugendes Beispiel der von Matt Impola und seinem Team von Handcrafted Movement entworfenen und gebauten Häuser.

EIN NEUANFANG

John und Val wussten, dass sie einen neuen Pfad einschlagen mussten, nachdem ihre vier Kinder die Schule abgeschlossen hatten und ausgezogen waren. Mit Entschlossenheit und ein wenig Glauben machten sie sich auf und bauten auf einem kleinen Stück Land in British Columbia, Kanada, ein kleines Haus mit allem, was sie für ein einfaches Leben brauchen.

AUTARK UND ALLES AUSSER GEWÖHNLICH

Die Grenzen des Gegebenen zu überwinden und das Außergewöhnliche zu tun, ist Herz und Seele des Tiny-House-Lifestyles. Das österreichische Designteam Wohnwagon entwickelt und baut kleine Häuser auf Rädern, die genau das verkörpern. Sie haben das optische Konzept des Tiny Living auf eine neue Ebene gebracht, mit schlanken Formen, abgerundeten Ecken und viel europäischem Flair in jedem kleinen Detail. Ihre malerischen Häuser eignen sich ideal für das einfache Leben.

Hello

SELBST GEBAUT

In einem Tiny House zu wohnen, ist nichts für Menschen, die in Herz, Geist und Handeln dem Gewöhnlichen verhaftet sind. Es ist ein Lebensstil für Menschen, die aus ihrer aktuellen Situation ausbrechen und ein freies Leben führen möchten. Das erfordert Entschlossenheit. Shalina, Macherin, Designerin und Sammlerin aus Sacramento, hat es gewagt und ihr eigenes kleines Haus (oben) entworfen und gebaut.

EINFACH LEBEN

Köchin, Fotografin und IT-Ingenieurin Dolly hatte in einer Hochhauswohnung im hektischen Zentrum von Melbourne in Australien gelebt. Durch unkonventionelle Vans ist sie auf den Geschmack des Tiny-House-Lifestyles gekommen. Jetzt lebt sie glücklich in ihrem selbst entworfenen Tiny House (rechts) auf einer 170 Hektar großen Farm. Ihr Haus besitzt alles, was sie sich wünschte – eine geräumige Küche, eine Komposttoilette zur Abfallminimierung und sogar einen begehbaren Kleiderschrank!

GROSS UND INNOVATIV

Dieses Traumhaus liegt außerhalb von Nashville, Tennessee. Zeitloses Design und erlesene Handwerkskunst machen es zu einem einzigartigen Objekt. Es bietet jede Menge Stauraum, ist mit einer erhöhten Küche ausgestattet und in Naturtönen gehalten, die ihm einen rustikalen Touch verleihen. Öffnet man das große gläserne Garagentor, verbinden sich Drinnen und Draußen.

EIN HAUS DER SUPERLATIVE

Dieses Luxusheim eines jungen Paares mit einer zweieinhalbjährigen Tochter liegt in Nordkalifornien mit Blick auf die Berge. Angesichts der Jahresmiete von 30 000 Dollar für ihr Appartement in der San Francisco Bay Area wurde ihnen klar, dass sie ihr Geld bewusster und kreativer investieren müssen. Sie wollten mehr als ein Tiny House von der Stange, haben Schönheit, Stil und Funktionalität auf wenige Quadratmeter gepackt und so das meiste aus dem investierten Geld herausgeholt. Ihr Einkommen bessern sie noch durch Vermietung auf, während sie auf Reisen sind. Wenn man sein Geld ziel- und planvoll einsetzt und bereit ist, Stolpersteine aus dem Weg zu räumen, lässt sich auch Besonderes realisieren.

GREENMOXIE

GREENMOXIE

SCRABBLE
BATTLESHIP
LIFE
MONOPOLY

DAS MONOKELHÄUSCHEN

Dieses mit Zedernholz verkleidete Tiny House liegt in den wilden und unberührten Bergen Kaliforniens. Die weißen Wandpaneele mit ihrer natürlichen Holzstruktur und der eingebaute Kamin sorgen für eine einladende und heitere Atmosphäre.

Ein so geräumiges Bad findet man selten in Tiny Houses. Durch das große, runde Fenster fällt natürliches warmes Licht, das eine besondere Atmosphäre schafft.

BILDNACHWEIS

Umschlagvorder- und -rückseite sowie S. 2: Nolla, nachhaltiges Nurdachhaus nahe Helsinki, Finnland © Joonas Linkola
S. 4 Hütte von Lynne Knowlton nahe Toronto, Kanada © Lynne Knowlton, TreeHouse & Cabin Retreat
S. 7 Nurdachhaus in den Bergen von Alaska, USA © Mark Reyes/ Naanod.jpg

BAUMHÄUSER

S. 10–12 Baumhaus in den Wäldern Spaniens © Leire Unzueta
S. 13 Großartiges Doppeldecker-Baumhaus außerhalb von Whitefish, Montana, USA © Kati O'Toole
S. 14–15 Fox House, Baumhaus mit wiederverwendeten Fenstern, Nashville, Tennessee, USA © Laura Dart/The Fox House von Emily Leonard Southard und Sloane Southard
S. 17 Baumhaus aus Zedernholz nahe Toronto, Kanada © Suech and Beck
S. 18–23 Lynne Knowltons Baumhaus, gebaut aus wiederverwerteten Materialien, sowie dazugehörende separate Hütte, nahe Toronto, Kanada © Lynne Knowlton, TreeHouse & Cabin Retreat
S. 24–25 Um eine Ulme gebautes dreistöckiges Baumhaus in den Wäldern von Wisconsin, in Camp Wandawega, USA © Bennett Young
S. 26–27 Charaktervolles Holzbaumhaus © Suech and Beck
S. 28 Hütte in den Wäldern von Oregon © Bennett Young
S. 29 The Lushna Cabin © Connor Willgress/Lushna Cabin am Eastwind Hotel & Bar Windham, NY
S. 30/31 Ethans Baumhäuser, eines mit Fahrrad-Aufzug, eines drehbar, USA © Mikey Gribbin

ÖKO-LOGISCH

S. 34–35 Nolla, nachhaltiges Nurdachhaus nahe Helsinki, Finnland © Joonas Linkola
S. 36–39 EcoCamp Patagonia: Nachhaltige geodätische Kuppeln in den Bergen von Torres Del Paine, Chile © Sasha Juliard
S. 40–41 Nachhaltiges Ökohaus in Bali, Indonesien © Sasha Juliard
S. 42–45 Kimo Estate: Modernes, unabhängiges Nurdachhaus mit Blick auf die Gundagai Berge, Australien © Nicole Clark Photography
S. 46–47 Glashaus aus wiederverwerteten Materialien und recycelten Fenstern in den Wäldern von West Virginia, USA © Nick Olson
S. 48 Tunnelartiges Gehäuse in Großbritannien © Calin Gillespie
S. 49 Hütte im Elmeley Nature Reserve auf einer Insel vor der britischen Küste © Kym Grimshaw/Elmley Nature Reserve

ABGESCHIEDENE ORTE

S. 52–55 Kayak Café: Schäferwagen im Süden von Quebec, Kanada © Dominic Faucher, VanLife Sagas
S. 56–58 Rustikales Nurdachhaus © Brendan Lynch
S. 59 Tiny House zur Miete in den Wäldern Massachusetts, USA © Heather Sorrenty
S. 60–61 Sunlit Shanti, Pegasus Farm nahe Mendocino, Kalifornien, USA © Bennett Young
S. 62–63 Vista, mobiles Tiny House auf Rädern in den Wäldern Wisconsins, USA © ESCAPE RV/Steve Niedorf
S. 64–65 Brett Lewis' 1986er Vanagon, renoviert mit wiederverwertetem Zypressenholz (Juniperus ashei), Texas, USA © Ventana Media Collective
S. 66 Mason Cabin von Cabinscape: Designbehausung auf 233 ha im Süden Ontarios, Kanada © Evelyn Barkey Photography
S. 68–71 Coyotes Den: Von Hand gebaute Zelthütte in Howling Woods, Acadia National Park, Maine, USA © Max Ablicki
S. 72–75 Einfache Jurte in atemberaubender Landschaft in Utah, USA © Sasha Juliard
S. 76–77 Glass House von Candlewood Cabins in den Wäldern Wisconsins, USA © Peter Godshall
S. 78–79 Hebe's Hideout, saniertes Nurdachhaus, Baujahr 1965, nahe Mt. Rainier, Washington, USA © Shon Purdy

S. 80 Hütte mit Charakter, USA
© Kyle Finn Dempsey,
YouTube: trout and coffee
S. 81 Autarke Blockhütte zur
Miete, Vermont, USA
© Kyle Finn Dempsey,
YouTube: trout and coffee
S. 82 Containerhaus mit
Dachterrasse in Texas, USA
© Alexis McCurdy
S. 84–85 Rustikaler Oldtimer-
Caravan in Kalifornien, USA
© Bennett Young
S. 86–87 Home of Zen, gebaut
von Tiny Heirloom, Portland,
Oregon © Tiny Heirloom
S. 88–89 Bibliothekshütte
© Lennart Pagel
S. 90–91 Vantage Tiny Home,
gebaut von Tiny Heirloom
aus Portland, Oregon
© Tiny Heirloom
S. 92–93 Rustikale Kleinbe-
hausung im nordischen Stil,
Sonora-Bergkette, Mexiko
© Fernando Morrisoniesko

HEIM FÜR DIE FAMILIE

S. 96–97 Renovierter Airstream
von 1972, Arkansas, USA
© Sydney Sligh Photography
S. 98–99 Abgeschiedenes Zelt-
haus auf der Hochebene von New
Mexico, USA © Zachary Ruiz
S. 100 Umgebauter Schulbus
als Heim für eine abenteuer-
lustige junge Familie
© Ben & Mande Tucker
S. 101 Tiny House von
Tiny Life Construction
© Tiny Life Construction
S. 102–105 Fite Travels:
Umgebauter Sprinter
© Sami Strong Photography
S. 106–107 Individuelles selbst
gebautes Haus mit Aussicht,
Nordkalifornien, USA
© Joshua Engberg/
Tiny House Basics
S. 108–109 Wohnen auf Rädern,
luftig und zeitgemäß,
Südkalifornien, USA
© Ashley Petrone

HOCH OBEN

S. 112–113 Hütte in den
Wäldern Nordamerikas
© Dominic Faucher,
VanLife Sagas
S. 115 Feuerholzhütte
© Brendan Lynch
S. 116 Omah Kayu, Gunung
Banyak, Batu, Indonesien
© Abraham Yusuff
S. 117 Kleine Behausung auf
einem Berggipfel, Schweden
© Sasha Juliard
S. 118–119 Nurdachhaus
mit schwarzer Fassade
© Brendan Lynch
S. 120 Wellnesshütte mit Hotpot
in Österreich © Michael Derjabin
S. 121 Größere Hütte in Österreich
© Roman Huber
S. 122–125 Modernes mobiles
Tiny House aus Holz in den
Bergen Kaliforniens, USA
© Benjamin Rasmussen Photo
S. 126–127 Tye House:
Nurdachhaus zur Miete in den
Bergen von Washington, USA
© Bennett Young
S. 128 Kleine Behausung
in den Bergen Norditaliens
© Joonas Linkola
S. 129 Malerische, heimelige
Hütte im Wald © Chris Daniele
S. 130 Heart of it all House:
Trevor Gays Tiny House
© Trevor Gay/Strayer Media
S. 131–133 Raven House:
Autarke Hütte, Ontario, Kanada
© Chris Daniele
S. 134–137 Modernes,
nachhaltiges zweigeteiltes
Gebäude auf 300 Jahre altem
Lavastrom, Hawaii, USA
© Olivier Koning
S. 138–139 Rolling Hut:
Minimalistische Stahlrahmen-
Sperrholz-Konstruktion in den
Bergen von Mazama,
Washington, USA
© Tim Bies/Olson Kundig

UNTERWEGS

S. 142–147 Ann-Sylvia und
Georg Deocariza: VW LT 31 von
1980 als Zuhause auf Rädern,
Norwegen und die ganze Welt
© Georg & Ann-Sylvia Deocariza
S. 148–151 James Barkman:
VW Westfalia von 1976
mit Mini-Holzofen, USA
© James Barkman
S. 152–155 Candice Smith:
Umgebauter Chevy Sportvan
Oldtimer, Baujahr 1988, USA
© Candice Smith
S. 156–157 Daniel Norris
VW Westfalia von 1978, USA
© Ben Moon

BOXED WATER IS BETTER.
BOXED WATER IS BETTER.

S. 158–159 The Bus and US: Umgebauter C1976 VW Westfalia, Alaska, USA © That Feeling Co/ The Bus And Us
S. 160–161: Trey Frye: VW-Bus von 1986, USA © Trey Frye
S. 162–163 VanLife Sagas: Als Mobilheim und Büro umgebauter Van, Quebec, Kanada © Dominic Faucher/VanLife Sagas
S. 164–165 Wild Drive Life: Gefangenentransporter, umgebaut in ein Haus auf Rädern © Rachel Halsey Photography/ Wild Drive Life
S. 166–171 Brisk Venture: Airstream Flying Cloud von 1955, USA © Kyle Murphy/Brisk Venture
S. 172–173 Pauline Morrissey: Rustikal-schickes Wohnmobil, Nordamerika, USA © Pauline Morrissey

AM WASSER

S. 176–177 Hausboot auf dem Noosa River, Australien © Levi Caleb Allan
S. 178–179 Rotes Haus auf dem Wasser, Finnland © Joonas Linkola
S. 180–181 Haus auf einer Insel am Wasser, Helsinki, Finnland © Joonas Linkola
S. 183 Hütte auf dem Wasser, Österreich © Sebastian Scheichl
S. 184–185 Far Meadow House: Rustikales, modernes Nurdachhaus zur Miete nahe Yosemite, Kalifornien, USA © Laura Austin
S. 186–187 Timbercraft, Tiny Home Denali in Alabama, USA © Patrick Oden
S. 188–189 Cottage an der Küste Schwedens © Olga Redina
S. 190–191 Das Bååt: Schwimmende Holzhütte bei Naturbyn, Schweden © Juila This
S. 192–195 Rustikales, modernes Haus auf Rädern mit industriellem Charme, USA © The Tillmans

KLEINE HÄUSER MIT STIL

S. 198–201 Alek Lisefskis Tiny House: Nachhaltiges, selbst gebautes Heim auf Rädern, Sonoma Valley, Kalifornien, USA © Thomas J. Story/Sunset Publishing Corp.
S. 202–205 Minimalistisches Zero-Waste-Haus mit Komfort, Texas, USA © Kelly Christine Sutton
S. 206–207 Vielseitiges Haus mit alten Einrichtungsgegenständen, USA © Apartment Therapy/ Carina Romano
S. 208 Pinienholzverkleidetes modernes Raumwunder in den Pyrenäen, Spanien © José Hevia
S. 209 Rowans Tiny House mit eleganten handwerklichen Details, New York, USA © Deborah DeGraffenreid
S. 210–211 Cody Woodworths geräumiges, funktionales Minihaus für eine kleine Familie, USA © Cody Woodworth/321 Explore
S. 212 Schäferwagen aus Bauholz in den Hügeln von Wales, Großbritannien © Rustic Campers
S. 213 Indig: Luxuriöses Tiny House in Brighton, South Carolina, USA © Tom Jenkins/ Brighton Builders SC
S. 215 Lily Duvals selbst gebautes Tiny House in Neuseeland © Jane Ussher, NZ House & Garden
S. 216 Farmhouse: Elegantes, handwerklich hochstehendes Tiny House in Lancaster, Pennsylvania, USA © Liberation Tiny Homes
S. 217 Friedvoller Rückzugsort von Ann Voskamp, Nordamerika © Matt Impola
S. 218 Geräumiges Haus in klarem Design nahe Portland, Oregon, USA © Matt Impola
S. 219 Pacific Harmony: Aus wiederverwertetem Holz und mit durchdachtem Design, nahe Portland, Oregon, USA © Matt Impola
S. 220 Mint Tiny House Company: Rustikaler Stil und natürliche Materialien, British Columbia, Kanada © James Alfred Photography
S. 221 Großartiges kanadisches Minihaus © James Alfred Photography
S. 222–223 Wohnwagon: Autarkes, vielseitiges Heim auf Rädern, Österreich © Wohnwagon GmbH
S. 224 Laurier by Minimaliste: Minimalistischer Komfort mit bodentiefem Schlafraum, Quebec, Kanada © Minimaliste Houses

S. 225 Wandering On Wheels: Selbst gebaute Zuflucht in Colorado, USA © Barry Sanford/ Wandering On Wheels
S. 226 Shalina Kells Haus: Selbst designter, funktionaler Lebensraum, Sacramento, USA © Shalina Kell/Her Tiny Home
S. 227 Tiny MissDolly on Wheels: Selbst gestaltetes einfaches Haus auf einer Rinder-, Schaf- und Hühnerfarm in Australien © Dolly Rubiano
S. 228–231 The Alpha: Innovatives Tiny House, Nashville, Tennessee, USA © Designt und gebaut von David Latimer/New Frontier Tiny Homes, Fotos Studio Buell Photography
S. 232 The Orchid: Modernes Minimal-Tiny-House-Design, außerhalb von Nashville, Tennessee, USA © Designt und gebaut von David Latimer/ New Frontier Tiny Homes, Fotos Studio Buell Photography
S. 233–237 Bela Fishbeyn: Schönheit und Funktionalität in den Bergen von Santa Cruz, Kalifornien, USA © Bela Fishbeyn
S. 238–241 Greenmoxie: Nachhaltiges Minihaus, Kanada © Nikki Fotheringham/ Greenmoxie
S. 242–243 Das Monokelhäuschen von Wind River Tiny Homes, Kalifornien, USA © Dillan Forsey
S. 244–245 Colton Ronzio: Außergewöhnliches Design aus Rohmaterialien, South Carolina, USA © Danny Zarate
S. 247 Lynne Knowltons Tiny House © Lynne Knowlton, TreeHouse & Cabin Retreat
S. 248 Ryans Upcycling-Haus, Idaho, USA © Brittany Bunker Photography
S. 251 Kleine Berghütte, bei Boone, North Carolina, USA © John D. Stephens/That Hiker
S. 252 Lynne Knowltons Baumhaus nahe Toronto, Kanada © Lynne Knowlton, TreeHouse & Cabin Retreat
S. 255 Nurdachhaus Wandawega in den Wäldern Wisconsins, USA © Bennett Young

Der Autor hat mit allen ihm zur Verfügung stehenden Mitteln versucht, die Copyright-Inhaber der Fotografien in diesem Buch zu finden. Sollte jemand unbeabsichtigt übersehen worden sein, erkennt der Herausgeber gern die rechtmäßigen Copyright-Inhaber an und ist für jede Information zu deren Identität dankbar.

DANKSAGUNG

Herzlichen Dank an das gesamte Team von Ebury Press: Meine Herausgeberin, Elen Jones, die mit Kreativität, Erfahrung und Leidenschaft von der ersten Idee bis zur Fertigstellung dieses Buch begleitet hat. Louise McKeever und Laura Marchant für ihre wertvolle Hilfe, Beratung und Ermutigung. Therese Vandling für die schöne Gestaltung und Zusammenstellung der Projekte.

Danke an alle Eigentümer und Bauherren dafür, dass sie uns in ihre außergewöhnlichen Behausungen eingeladen haben – Daniel Norris, Matt Impola, Ann Voskamp und viele mehr.

Ein besonderer Dank geht an die Fotografen der hier gezeigten Häuser: James Barkman, Max Ablicki, Zac Ruiz und vielen anderen mehr. Ihre kreative Arbeit bildet das Rückgrat dieser einzigartigen Zusammenstellung.

Ich hätte diese Arbeit nicht ohne die Unterstützung meiner Familie und meiner Freunde umsetzen können. So danke ich meinen Eltern, Geschwistern und Cody, Harmony und Jolene, die mir mit Weisheit und wertvollen Rückmeldungen jederzeit zur Seite standen.

Brit Barkman
Photography

DER AUTOR

Brent Heavener ist Unternehmer im Kreativbusiness, Rancher und Gründer von @tinyhouse, dem bedeutendsten Instagram-Feed zum Thema Tiny House.

www.instagram.com/heavenerr/

Die Originalausgabe dieses Buches ist unter dem Titel »Tiny House. Live small, dream big« 2019 bei Ebury Press, Penguin Random House, London, erschienen.

Aus dem Englischen übersetzt von Daniela Janz.

3. Auflage, 2022

AT Verlag AG, Aarau und München
Druck und Bindearbeiten:
C&C Offset Printing Co., Ltd
Printed and bound in China

ISBN 978-3-03902-089-8

www.at-verlag.ch

Der AT Verlag wird vom Bundesamt für Kultur für die Jahre 2021–2024 unterstützt.